그리워할 수밖에 없는 너

대표 영상시 QR 스캔으로 감상하기

창작동네 시인선 181

그리워할 수밖에 없는 너

초판인쇄 | 2024년 5월 10일
지 은 이 | 정성주
편 집 장 | 정설연
펴 낸 이 | 윤기영
펴 낸 곳 | 도서출판 노트북 **등록** | 제305-2012-000048호
주   소 | 서울시 동대문구 사가정로 256-4 나동 101호
전   화 | 070-8887-8233 **팩스** | 02-844-5756
H   P | 010-8263-8233
이 메 일 | hdpoem55@hanmail.net
판   형 | 신한국판형 130-210/ P128

ISBN 979-11-88856-82-4-03810
정 가 10,000원

2024년 5월_그리워할 수밖에 없는 너_정성주 제4시집

한국 현대시[韓國現代詩]

*잘못된 책은 교환해 드립니다.
*저자와의 협의로 인지는 생략합니다.

시인의 말

 아름다운 계절의 선물이다
대관령에서 눈과 마주치는 삶과 시가 있는 공간에서
감성과 인성을 키우는 공간이 된 점이 나에게 큰 보람이라고 본다.

 나를 다시 바라보며 본연의 아름다움을 발견할 때
그 아름다움이 비로소 발산되고 확산될 수 있음을 보여 주게 되어 너무나 기쁘다고 생각한다.

 대관령은 수시로 변덕스러운 날씨와 아름다운 자연과 감성이 있는 도시이다. 이번 4번째 시집을 준비하면서 지난겨울은 유난히 눈도 많이 내렸고, 매섭게 추웠던 겨울로 기억하게 된다.

 봄은 아름다운 계절이다.
저 언덕에 부는 바람은 볼 수도 없고, 잡을 수도 없는 실체 없는 것들을 노래하며 시인은 왜 바람과 심연을 연결할까 생각해보며 제4시집을 출간해 주신 출판사 편집부 임원들에게 감사 인사드린다. 언제나 졸작이다. 열심히 노력하는 시인이 되고 싶다.

㈜우보산업개발_대관령산업개발㈜
회장 정성주 시인

1부. 그리워할 수밖에 없는 너

010...그리워할 수밖에 없는 너
011...봄 편지
012...봄비가 찾아와
013...기다림
014...내 마음의 우산
015...오는 봄 가는 봄
016...어둠의 터널에 서면
017...대관령 언덕의 하얀집
018...장마가 시작되니
019...초록의 진심마저
020...빈집
021...홀로 사랑하는 법을 배우며
022...내가 힘들면 산으로 간다
023...사회에 대한 편견
024...아시안컵 축구를 보면서
025...건축가가 바라보는 사회
026...작은 목소리
027...방황이 향하는 자리는 시적인 자리
028...고향
029...나무를 벌목하며
030...꽃차를 마시며
031...자연은 거짓 하지 않는다
032...봄은 오는가
033...생기가 돋아나는 봄
034...움 틔우는 대지
035...봄꽃 같은 인생

2부 바람에게 숨결을 느낄 때

038...바람에게 숨결을 느낄 때

039...어머니 닮은 땅
040...평창의 변덕스러운 날씨
041...오늘은 화단 가꾸기
042...섬마을에 매화가 피더니
043...고마운 계절
044...꽃들은 숨 가쁜 속삭임
045...봄의 연가
046...봄 끝에는 여름이 온다
047...여름의 에너지
048...장미가 부르는 날
049...여름밤에 찾아오는 당신은 누구
050...상추 사랑
051...별들의 속삭임
052...잃어버린 시간을 찾아서
053...장마가 오면
054...비가 내리는 밤
055...그리움은 가을 그리움
056...꿈과 희망이 있는 지혜
057...가을이 주는 비밀창고
058...바라볼 수밖에 없는 그대
059...나의 붙들리지 않은 미래
060...선자령 길에 서니
061...보이지 않는 마음의 꽃처럼
062...다채로운 무늬들
063...눈부신 바람

3부. 나는 억새인가 보다

066...나는 억새인가 보다
067...이 가을에 어디론가 떠나고 싶다
068...빛나는 가을을 간직한 채
069...추억을 들춰내는 가을

070...경련하는 가을 아침
071...시간이 새고 있다
072...세상의 진리를 보며
073...가을은 타인의 계절
074...다채로운 빛의 물체
075...소리와 색채
076...상엿집
077...아름다운 가을 편지
078...가을의 간결한 소리
079...언어가 우리의 것이 될 때
080...혼자의 시간을 다 견디고
081...저 단풍잎처럼
082...은행나무
083...반딧불
084...추수
085...해바라기 피는 날
086...거리에서
087...창가에 기대면
088...김장하는 날
089...저물어가는 가을

4부. 겨울 준비

092...겨울 준비
093...현관문
094...겨울 저녁
095...겨울에서 봄으로
096...겨울옷
097...12월의 대관령
098...눈보라
099...초인종
100...눈부신 추억

101...적막한 노래
102...인생
103...그해 겨울
104...계속 오는 눈
105...겨울 연가
106...상고대
107...겨울나무
108...겨울 전설
109...겨울을 노래하며
110...까치집
111...하얀 꿈들
112...겨울 발자국
113...고드름
114...겨울에 쓴 시
115...참 겨울은 쓸쓸하다
116...겨울나기
117...나의 마음은

5부. 전국 시화전 모음

120...참 좋은 당신
121...저만큼 멀어진 사이
122...꽃은 봄을 피운다
123...가끔은 저 숲을 본다
124...오늘도
125...계절이 주는 선물
126...창가에 꽃이 피려나
127...겨울이 떠나는 날

1부 그리워할 수밖에 없는 너

바람에 흔들리며 밤을 보냈고
아름다운 꿈은 아침을 만들어 주었다

꽃이 피는 언덕을 걸으며
내가 하는 일에 성취감을 느끼며
서로 대화가 필요한 시기일 때

그리워할 수밖에 없는 너 중

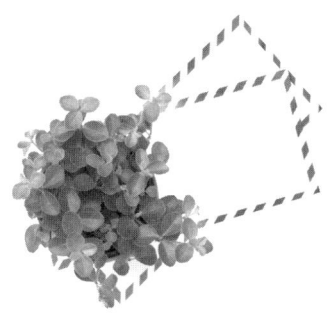

그리워할 수밖에 없는 너

낭송 정설연

우리에게 꽃이 피다 진자리
세상의 이해가 부족했다

바람에 흔들리며 밤을 보냈고
아름다운 꿈은 아침을 만들어 주었다

꽃이 피는 언덕을 걸으며
내가 하는 일에 성취감을 느끼며
서로 대화가 필요한 시기일 때

아픔을 어루만지며
사라져가는 소중한 존재를
가슴으로 느끼며
아무렇지 않은 듯
허탈하게 하늘 한번 쳐다본다.

봄 편지

꽃을 찾아온 나비는
가슴에 바람을 녹여
영혼의 세상을 만든다

빛의 계단을
밟고 오르면
영혼을 만나는 시간이다

땅과 하늘이
부딪혀 내는 생명의 기원
봄 편지에 쓰는
나와 나의 사랑이다.

정성주

봄비가 찾아와

신작로 사이로
가슴을 촉촉이 적시던 날
그리움들이
빗방울 되어 가슴에 흐른다

시간이 지날수록 거칠어지는 빗줄기
가슴에 요동치는 큰북 소리로

비가 그치기 전
꽃봉오리도 고개를 들겠지
당신의 마음 어루만지며
지난 그리움 새싹처럼 피어난다.

기다림

자랑이라도 할 듯
노랗게 물들이고 나니
명자나무꽃이 피었다

바람의 향기도 봄
거리마다 울긋불긋 피어난
꽃들이 가슴을 불태운다

빨간 입술 부끄럽고
사랑으로 목메인
시간이 쌓이고 있다

정성주

내 마음의 우산

이별 그리고 외로움
가슴 졸이며 살았던
지금까지의 시간이
얼마나 목마르게 했던가

온몸이 소진되는 시간까지
비를 기다려야 했던 존재
내 마음의 우산이 될 수 없었다

어쩌면 이별의 아픔을
외로움에 젖은 논개를 맞으며
걷고 싶었는지도 모른다.

오는 봄 가는 봄

꽃잎이 하나둘 피어나고
사람과 나비들이 모여
이쁘다고 소곤소곤 노래하네

봄 새 한 마리
활기찬 날갯짓이 가볍네

연분홍 영혼들이
추억 앓이 하는데
절절한 애달픔만 흐르네

바람을 질주하는
꽃들의 전시장
싱그러운 꽃 향연에
계절은 달리고 있네

정성주

어둠의 터널에 서면

멈추지 않는 인생 열차
꿈으로 달려온 세월 앞에는
긴 여정으로 채워지는
청룡열차의 끝없는 깃발이
우리의 현실이 다가와 있었다

시련의 아픔들 딛고
수 없는 눈보라 길을 걸으며
긴 터널의 사계를 수없이 지나며
웃음으로 행복했었다

시간 속의 이별은
새로운 꿈과 희망이라는 것을

대관령 언덕의 하얀집

초원에서 살랑살랑 부르는 손짓
상쾌한 하늘색의 조화
바람은 나를 안고 부딪치며
어디론가 떠나갈 채비 하고 있다

눈에 벗어나지 않은
하얀 언덕 위에 하얀집
우리의 관계를 만들어 준다
그 행복감을 이렇게 적는다

인연, 고결한 사랑은
세월이 지나도 사라지지 않는
영원한 순례자이다.

정성주

장마가 시작되니

장마는 시작되었다
산사태 뉴스가
쏟아져 나왔다

사각지대에 놓은 안전 불감증
가슴에 묻고 살아야 하는 현실
얼마나 충격이 클까

부주의로 만들어진
사회풍토가 만들어질 때
우린 행복을 누릴 것이다.

초록의 진심마저

초록으로 물든 숲에서
진심 어린 빛으로 반짝임을 보았다

사회는 내란음모 등으로 진통을 겪는다
연거푸 들리는 소식들 혼란스러운 더위다

지역 발전에 도모하라고 뽑았더니
사건 터지면 으레 따라다니는 돈뭉치

인생의 전략도 초라할지언정
자연의 이치에 따라 산다는 것을 배운다.

정성주

빈집

건축가는 빈집을 보면서
설계하고 수많은 장식을 그리곤 한다

글도 건축하듯
수없이 뜯어고치며 수리하듯
문장을 다듬지만
건축도 빈집을 놓고
수 없는 설계를 준비한다

집이 마무리되기까지의 인내
성취로 이루어지는
수 없는 별들의 전쟁처럼
마무리되는 생존의 법칙들이다.

홀로 사랑하는 법을 배우며

홀로 사랑에 빠지면
실천까지는 오랜 시간이 걸리지 않았다

사랑을 피해 도망치는 것이 아니라
겁 없이 질주하는 나의 영혼의 사랑은
비바람을 동반한 태풍처럼 거세기만 하다

사랑은 돈과도 집결이 된다
갖고 싶은 소유욕에서
100m 앞도 보기 힘든 험난한 고지가
기다리고 있다

끝까지 희망의 끈을 놓지 않고
안아 줄 수 없는 세월을 보며
묵묵히 투덜대는 발걸음에
부연 설명해 주는 변명이 늘어난다.

정성주

내가 힘들면 산으로 간다

풍성한 저 숲을 보며
산새와 절개를 놓고 밑그림이 그려진다

한여름 채소밭에 채소를 가꾸며
풍성해지는 밥상을 보면서 즐거워하듯

땅에서 풍기는 냄새가 좋다
자라는 나무와 자연이 주는 의미
이 속에 나의 진정한 삶이 있다

내실보단 내면이 중요한 시기
나무뿌리가 흔들리면 나무가 자랄 수 없듯
좀 더 높은 곳을 향해
도전하는 것도 좋을 것 같다.

사회에 대한 편견

미리 보지 못하는 세월의 한계
심리적 구조를 벗어나지 못하고
갈등에 사로잡혀 방향을 바라본다

우린 특별함에 벗어나지 못하고
관심을 저버리고 소외된 사람의 보살핌이
한계에 부딪혔는지도 모른다

시대적 우울증은
쉽게 정리되는 것이 아니기에
소중함을 깨우쳐 보지만
뉴스나 나와야 정책을 놓고 논하는 사회
사회 비판의 목소리보다
구조적 문제를 해결해야 하는
실천이 중요한 시기이다.

정성주

아시안컵 축구를 보면서

책방 밖에서 떨어지는 소리를 못 듣듯
구조적 문제들이 들춰내는 사회를 보면서
비판적 목소리들이 우울하게 만든다

국민의 마음에는 축구라는 희망의 끈
친절하게 안내하는 국민 방송들
사회의 부조리와 겹쳐지는 뉴스들
새삼스럽게 다가오고 있었다

선수들은 얼마나 힘이 들었을까
잘 싸웠다 조국을 위해 잘 싸웠다
떨어졌지만 국민은 당신들을 사랑합니다.

건축가가 바라보는 사회

건축은 아름다운 마음에서
자연의 이치를 접속하며
아름다운 미가 보이듯
많은 사물을 통해 아름다움이 보인다

논리적 구조에 지배당하지 않고
삶의 윤곽 속에서 만들어지는 현장들
완성되기까지의 지속적인 관심이 필요한 직업
일은 우리에게 주어진 시간이다.

정성주

작은 목소리

작은 목소리를 지닌 존재의 말
사회의 구석진 의미를 포착하는 순간
삶의 공간을 강요받는다

아침 뉴스는 주의 깊게 관찰하게 만든다
어떤 사회에 대한 지향의 길을
대답이 담긴 구성이 아름답다

종교인은 어진 세상 어루만지고
어두운 곳에 빛을 주는
그런 사람이 되었으면 좋겠다는 주제다

우린 일상에서 쉽게 접하는 일들이지만
실천하고 사는 게
삶의 재발견이라 생각한다.

방황이 향하는 자리는 시적인 자리

아침이면 두려움이 도사리는 날도 있다
끝에 놓은 길을 걸을 때가 있다
유배지를 가는 것처럼 무거운 날
나만의 소국을 만들고 싶다

그 어딘가 부유한 길조차
보이지 않는 언어를 이해하기 힘들다

세상을 등 돌리고 바라봐야 했다
경계를 늦추지 않고 사는 세상이 온다면
자연인이 될 것 같다.

정성주

고향

고향 기억으로 대변해주는
오랜 서정의 노래
진실한 내 모습이다

동심이 있고
아름다운 정서가 있는 모니터
고향은 마음의 고향이다

본능과 또 다른 양면
정서가 있는 향수병이다

언제쯤이나 넉넉하고
풍요로운 세상에서 웃고 살까.

나무를 벌목하며

벌목은 목적에 의해 시작된다
건축 행위를 하기 위한 행위와
또 다른 목적에 허가를 받는다

온몸이 톱날에 잘려 쓰러지고
부딪쳐 쓰러지는 소리가 요란하고
고요함 속에 침묵이 흐른다

가끔 뉴스를 통해 얻어지고 버려진 것
땔감으로 사용하기도 하지만
주택으로 새로 태어나기도 한다.

정성주

꽃차를 마시며

입에서 녹아드는 향기가
온몸에 감기듯 향기로운 맛
여름이 온 것 같아요

차 향기에 달려간 대관령 들녘
종달새가 지나간 자리
보랏빛 향기를 지키겠어요

누군가 나 몰래 꺾어 갈지도 몰라
다른 사람들이 저보고
이상한 사람이라고 하네요

차를 마셔본 사람들이
상처를 받지 않았으면 좋겠어요
그렇다고 훔쳐 가진 말아 주세요.

자연은 거짓 하지 않는다

우뚝 선 나무는 타협할 줄 모르고
세상의 가르침을 준다

끝내 세상과 타협 없는 강직함은
자신으로부터 보호받지 못하고
태풍을 헤쳐나가야 했다

비바람에 흔들림 없이 견디어 내며
나의 마음 음표처럼 멈춰
바람 방향을 바라보고 있다.

정성주

봄은 오는가

또다시 저물어가는 나와
또 다른 희망을 부르는 봄
꽃처럼 저물고 싶지 않습니다

계절마다 찾아오는 우연은 아니다
뻐꾹새 우는 들녘엔
봄 채비로 겨울은 떠나간다

아침 햇살마저도 외면한 채
겨울은 숙면의 시간으로 들어갔다

쪽빛 하늘만 바라보며
바람에 실려 오는 봄맞이
내 안에는 봄기운이 밀려온다.

생기가 돋아나는 봄

까치발 딛고 일어나는 초록잎
잊고 살아도 그 자리를 지켜주는 꽃들
우리네 인생처럼 변함없어 좋더라

만인의 사랑받는 벚꽃 진달래꽃
마음을 녹아내릴 냉잇국
봄은 눈물로 빚어내는 계절임에도
마음을 녹여내는 봄꽃이어라.

정성주

움 틔우는 대지

햇볕에 들켜 낯 뜨거운 일
벗어라 외침은 부끄러웠다

겉치레만 좋아하는 사람들
땅에 바짝 붙어 피어난
저 꽃을 보아라
난 이제 미안함을 배웠네

화려함 뒤엔 눈물이 있듯
꽃을 지키기 위한 몸부림은
내 마음을 그곳에 두는 것
씨앗 한 줌 나누는 꽃의 계절이다.

봄꽃 같은 인생

봄비가 지나간 자리
금세 함박웃음 터지는 봄

작은 것 하나에도
감사함으로 사는 세상

포근한 맘 내려놓는
따스함을 즐기는 봄의 계절

내 안에서 꽃으로 피워
정으로 보듬고 사는 세상
진정한 사랑입니다.

정성주

2부 바람에게 숨결을 느낄 때

바람에 못 견딘 나뭇잎
바람에 날리는 잎의 숨결이 느껴진다
서로 부딪쳐서 나는 숨소리가
가을이 주는 소리라는 것을 느낀다

바람에게 숨결을 느낄 때 중

바람에게 숨결을 느낄 때

바람에 못 견딘 나뭇잎
바람에 날리는 잎의 숨결이 느껴진다
서로 부딪쳐서 나는 숨소리가
가을이 주는 소리라는 것을 느낀다

붉게 타오르던 물결은
황홀한 도취와 투신으로
나는 잠시 주홍빛에
혼절하며 떨어지는 단풍잎에
이별은 새로운 희망이라고 말한다.

어머니 닮은 땅

봄은 본능일 것 같다
땅은 봄씨앗을 싹틔우듯
어머니의 본능을 보는 것 같다

봄은 지나는 사람을 부르기도 하고
마음을 흠뻑 적셔 주기도 한다지

꽃은 인간의 마음을 흔들어 놓고
살랑이는 미소로 부른다지
꽃은 화려한 만큼
사람의 마음을 멈추게 하는 본능이 있다.

정성주

평창의 변덕스러운 날씨

어느 날은 매시간 때마다 쏟아지는 비
자연은 흐르는 도랑물 소리는
봄의 떨림으로 고백하는 일이다

수 없는 건조기를 맞으며
오류를 범하게 될 거로 본다

그러나 수시로 변덕스러운 날씨로
일하는 데 지장을 줄 때도 많다

비가 내려 줌으로 서로 관심을 같고
꽃을 가꾸고 나무를 가꾸듯
봄을 준비하는 지혜가 필요한 시기다.

오늘은 화단 가꾸기

내 손에 든 씨앗 봉투
새로운 우주를 만나게 하는 일
우주에 씨앗 하나 싹틔우는 일
이제 하늘을 우러러보는 시간
꽃이 피는 시간이 기다려진다

꽃피울 생각은 여름이 문득 찾아온다
고요히 눈 속에 젖어 드는 시간의 지문이
버리지 못한 세월을 환유해 본다

꽃처럼 아름다운 구속은 없었다
가슴에 꽃을 피우기까지의 세월
꽃이 피면 여기 남아 있는 사람들을
기억하는 일.

정성주

섬마을에 매화가 피더니

강원엔 눈이 오는데
남쪽엔 매화 소식에
봄은 오긴 오나 보다

하얗게 눈이 덮인 나무들
아름다움의 극치다

저곳에도 머지않아 파란 싹이 나겠지
봄은 우리들 마음을 움직이고 있다

고마운 계절

마음에 꽃망울이 터지는 봄
빗물에 기대는 꽃망울
얼마나 기다림의 연속이던가

겨울을 이겨내고 피워낼 꽃들
향내가 안기는 향기로운 냄새
우리네 인생도 꽃을 피운 적이 있지

이별의 인사도 못 했는데
가슴에 설레는 봄
봄비가 허무하게 만들어도
내 마음은 너를 향해 달린다.

정성주

꽃들은 숨 가쁜 속삭임

봄빛에 내 마음 가득 채워 보낸다

맨 먼저 보이는 마음의 꽃
노랗게 물들어가는 산수유
겨울을 밀어내고 있다

새들의 노랫소리는
봄이 오는 소리를 안팎으로
꽃피울 내 인생도 꽃처럼
노랗게 물들고 싶음이련다

아직도 봄꽃처럼
내 마음에 꽃이 남았기 때문이다.

봄의 연가

어느새 봄꽃이 와르르 떨어진다

여름빛에 내려앉은 산촌
푸르름에 산들바람에 만끽하는 지금
산새 좋은 고장이다

햇살이 내려앉은 장독대
천천히 찾아드는 햇볕에
장이 익어가는 냄새
세월의 한마음이 묻어나는 장독
된장국 냄새가 풍요로운 아침이다.

정성주

봄 끝에는 여름이 온다

빛과 어둠이 만들어지는 계절
연못에는 수련꽃이 피었다

봄꽃이 피는 동안
꽃잎 같은 책장만 넘기다 보니
여름이 왔다

밭에는 초록 초목들이 침략하고
너른 마당에 유목의 노래가 흐르고
신작로엔 흙먼지 뿌옇게 즐비하다

소나비는 깜빡 속았네
청명한 노을빛이 붉게 물드는 하늘을 보며
내일의 걱정을 안고 들어가는 밤이다.

여름의 에너지

또다시 여름이 와서
저 숲들을 지키고 있소

저들은 가을로 가기 위해
열매들이 익어가는 더위는
반짝이는 별들의 세상입니다

풀벌레 소리 때문에
이래서 좋고
별빛이 쏟아지는 밤하늘
또 이래서 좋구나

이별이 자주 오는 곳에
나는 살고 있다.

정성주

장미가 부르는 날

담벼락 그리움 토해놓고
배시시 웃는 장미꽃 사랑

사랑하는 이가 바라보는 여신
향수를 만드는 로사가
장미밭을 물들이고 있다

사랑하는 사람들아
오래오래 머물러 다오
너의 사랑은 부케나 선물용으로도
우리를 행복하게 하는 장미여
맘껏 취하고 싶다.

여름밤에 찾아오는 당신은 누구

여름밤에 찾아오는 당신은 누구십니까
수심 깊은 저 강을 건너갑니다

물 밖에서 생을 건너고 있는 당신
어둠이 두렵지 않습니까

어제 내린 비로
저만큼 내려간 나를 확인합니다

이 밤 몰래 강을 건너는 당신은
내 뒤를 쫓아오는 당신은 누구십니까

정성주

상추 사랑

내가 제일 손이 가까운 곳에
땅 한 평 마련해두자

모처럼 상추를 심어
허기진 내 사랑을 채워보자

따가운 시선으로
더욱 잘 자라는 상추
신종 종자라고 하는데

사랑으로 물주고
키워보자.

별들의 속삭임

이 시간만 되면
누군가 분명 나를 다 보고 있다는
확신을 가집니다

별들의 만남이 기다려지는지
나로 돌아오려고 마음 서두릅니다

북두칠성이라 그런지
믿기 어려운 사람들이 별을 보기 위해
자리 좋은 곳에 앉아

어둠이 오기를 기다리나 봅니다
선자령 길목에 모여든 사람들
이색적인 모습이 환상입니다

어둠을 타고 보이는 별
아름다움 그 자체입니다.

정성주

잃어버린 시간을 찾아서

그리움을 잊어버렸습니다

가슴으로 느껴지는 일
초등학교를 보니
나의 절박한 언어로 돌아와 있다

두 번을 다시 살아야 하는 일
아무도 가르쳐주지 않는
시간을 되돌아보는 시간
당신이 나를 가르치십니다.

장마가 오면

밤새 천둥과 번개 요란스럽다
창가를 내다보며
비가 그쳤으면 한다

이곳저곳 토목 공사하다 만 곳
큰비로 피해가 날까
마음이 조린다

이곳저곳 전화해서
상황을 알아보지만
아직은 괜찮다고 한다

유난히도 힘든 여름
걱정은 더욱 요동친다
감사한 아침을 맞는다.

정성주

비가 내리는 밤

천지간에 나누는
이야기를 살짝 들어봅니다

전설로 내려오는
부처님의 설법을 듣습니다

비는 마음을 초조하게 하는 일
공손히 무릎 꿇고 앉아 경청합니다

기상이변이 되기 전까지
새벽을 기다리며
이제, 라디오를 끕니다.

그리움은 가을 그리움

뒤뜰에 그리움은 김장독처럼
가을이 물들어간다

이 세상 그 어디에 있을
그리움들이 사무치는 시간
그저 지켜 보고 있다

아, 이제야 깨닫는 것은
바람 든 세월처럼
깊은 장맛이 주는 의미가
가을을 준비하는 어미의 그리움이었다

세월로 채워지는 그리움보다
기다리는 그리움의 세월이
더 크다는 것을 알았다.

정성주

꿈과 희망이 있는 지혜

세월이 주는 고단함은
조명등 불빛 아래 오랜 시간을 버렸다

꿈과 희망은 서로를 바라볼 뿐
걱정으로 위로로 끝났다

코로나로 차별받는 현실과 고통은
틀 속에 갇혀 적실함을 잊은 사람들

문 닫지 말고 기다려요
따뜻한 한마디가 작은 힘이 되고

위기 극복하고 다시 밝은 모습으로
웃을 수 있는 세상이 된다면 좋겠다.

가을이 주는 비밀창고

가슴에 밀려드는 그리움
몰래 꺼내 툭 던졌더니
바람에 흔들리는 그리움

저 언덕에 가을은
마르지 않는 소외된 존재들
기억 너머 희미해가다
눈시울로 젖어 드는 가을
가슴에 비밀 하나 있나 보다

가을이 주는 기쁨은
지워지지 않는 그리움의 세월
어색하지 않은 달콤함은
가을이 주는 나의 선물이다.

정성주

바라볼 수밖에 없는 그대

구름은 더욱 빛났다
가을 하늘에 수놓은 계절
곧 추수의 계절임에 보여준다

한 지붕 아래 함께 수놓는 시간
어쩌면 숨소리마저
가늠할 수 없는 우주의 신비
발자취 남기고 흘러간다

아름다운 여정의 선물은
굽이굽이 돌아 오대산 정상에
여전히 행보하는 구름들
장관이다 이보다 더 장관은 없지

우리가 머무는 우주 공간은
어느 능선을 타고 내려오는
내 마음의 등불이어라.

나의 붙들리지 않은 미래

큰 꿈을 갖고 살았는데
작고 부질없는
보편적인 사람이 되었다

이 넓은 땅은 나의 조각상
꿈도 희망도
미래의 조각이 흩뿌려져 있다

나무꾼에게 붙들린 선녀처럼
붙들리지 않는 미래를 꿈꾸며
호되게 눈보라 길을 걸어온 길

지나간 추억의 메모지들이
모진 바람을 이겨내게 한 긴긴 여정
내 이름을 불러 보는 시간이다.

정성주

선자령 길에 서니

온통 세상이 물든 가을 길
잔잔한 바람에 흔들리는 시원함
가을의 향수인가 보다

완벽하게 펼쳐지는 경이로움
강원의 산새가 주는 아우성
눈에 닿는 모습들은 정겹고 아름답다

살갗에 닿는 바람이 달다
가을의 참맛이란 말인가
선자령의 겨울이 기다려진다

하얗게 뒤덮은 저 초원의 저택
가을과 겨울은 축복이다.

보이지 않는 마음의 꽃처럼

보이지 않는 바람은
흔들려주는 갈대처럼
보이지 않는 곳에서
피어있는 마음의 꽃처럼
그리워하며 살겠지

내일 이 자리에
해가 뜨고 달이 떠도
내 마음을 붙들고 있겠지요

홀로 찬바람에 흔들려도
그리워할 사람이 많아
그대는 세상에서 가장
고귀한 마음의 꽃이여.

정성주

다채로운 무늬들

아침 햇볕에 반짝이는 무늬들
영롱한 이슬과 바람
곧 사라질 세상의 변화
내 가슴에 위함이라 부른다

옅은 햇살에 비추는 빛
초롱초롱 아름답기만 하다

나를 이곳에 세워놓은 것은
마음이 움직였기 때문일 거야
나는 속도로 산책길을 나선다.

눈부신 바람

꽃이 진 자리마다
송두리째 삼켜 버릴 듯
바람의 전설

바람이 싣고 오는
가을의 선물이어라

하늘길에 떠가 구름도
갈 길 찾아 가는데

여름을 밀어내는 바람으로
우리를 행복하게 하는구나
여름이여 안녕

정성주

3부 나는 억새인가 보다

바람에 흔들려오는 바람의 언덕
은빛 물결은 넋을 잡아 놓는다

너게서 불어오는 바람은
온통 아름다움 뿐이어라
은빛 물결은
내 마음을 가득 채워주는구나.

                나는 억새인가 보다 중

나는 억새인가 보다

가을이 마냥 좋은 것 같다
조용히 만나게 될
가을을 사랑한 죄인가 보다

바람에 흔들려오는 바람의 언덕
은빛 물결은 넋을 잡아 놓는다

너에게서 불어오는 바람은
온통 아름다움뿐이어라
은빛 물결은
내 마음을 가득 채워주는구나.

이 가을에 어디론가 떠나고 싶다

텅 빈 가을 들녘처럼 쓸쓸한 날
어디론가 이유 없이 떠나고 싶다

간이역은 없어서
내 마음 잠시 커피 한잔에 쉬어가는
그런 곳에서

노을 지는 강가도 보고
해가 뜨는 바다를 보면서
잠시 부둣가 배처럼
정박하고 싶은 내 마음이다

바람에 날리는
낙엽송 길을 걸으며
솔 내음에 젖어
낙엽이 사라지는 날을 보면서
겨울을 맞이하고 싶다.

정성주

빛나는 가을을 간직한 채

빛나는 가을을 간직한 채
순수하고 단호한 가을 나무에
삶을 기댄 채
어둠을 딛고 선 나무들을 바라본다

저렇게 오랜 세월 우뚝 서
구름을 친구삼아 걸어온 길
마음이 깊어가는 계절이다

밀려오는 너의 향기
온몸 두르고 향기로움을 던진다

바람에 흔들리는
만추의 계절을 느낀다
가장 아름다운 가을로
멈추는 시간이다.

추억을 들춰내는 가을

차창 밖으로 보이는 가을
추억의 노래는 가을이 왔음을 느낀다

들녘엔 황혼의 물결이 출렁이고
가로수 나뭇잎 사이로
가을이 왔음을 예견한다

오늘은 멀미 나도록
내 마음 가는 곳에 가보고 싶다

곧 우수수 떨어질 가을을 보니
지난 추억 하나
예쁜 편지지에 써서 보내고 싶다
나에게도 추억 하나 있다고.

정성주

경련하는 가을 아침

가을비가 하염없이 내렸다
창가에 비추는 추녀에는
슬픈 예감처럼
겨울 기운들이 따라와 있다

힘에 겨워 이겨내지 못하고
떨어지는 낙엽들
쓸쓸함에 목메여 우는
나목을 바라보니
슬픈 예감을 맞이한다.

시간이 새고 있다

낙엽이 지는 오후 한때가 그리운 날
우연히 만난 우주 하나가
시간을 거슬러 올라가고 있다

낙엽이 지는 오후 시간은
때론 즐겁기도 하지만
때론 보내는 마음은 쓸쓸하다

가슴에 남은 사연들은
가을 낙엽처럼 쌓여만 가고
이 가을 누군가에게
마음의 편지를 보내고 싶다

시선을 잡아 놓은 빨간 우체통
가을 엽서 한 장이
바람에 휘날리고 있다.

정성주

세상의 진리를 보며

세상은 술에 취한 듯 위태롭게 보인다
이면에 감춰진 또 다른 이면을 보면서
맨정신으로는 살기 힘들다
흥청대는 가을을 바라보며
야욕의 시절은 지났고
경기 침체로 어두운 그림자만 배회하는
낯선 그림자만 산책한다.

가을은 타인의 계절

우린 서로 관찰하며 아침을 맞는다
가끔은 타인의 감정도 있지만
시간 저편에 간직한 부재들이다

바람처럼 계절에 왔다 가는 사람들
잠시 관계에서 멀어지지 않으려
생각을 지배하는 사람들이다

잠시 겨울로 가는 길목에
젖어 드는 빗소리마저
무수한 타인들의 그림자만
창문 너머로 보이는 것들
잡지 못하는 시간의 빛을 본다.

정성주

다채로운 빛의 물체

낡은 것과 익숙한 것에 대해
스쳐 가버린 사유를 바라보며
오래된 거리를 사랑하는 법을 배웠다
사물을 침묵으로 바라보는 사람
계절마다 웃음으로 찾아오는 것들에
정제된 이미지로 사유하고 싶은 욕망들

올해는 웃음만 받지 말고
쓴 세월을 함께 나누는 마음으로
꿈이 있는 세월을 만드는 것에
다채로운 언어로 사유하고 싶다.

소리와 색채

온전히 이해받지 못할지도 모른다
바람과 낱말 속에 채워지는 목소리
여백을 그리며 흐르고 있었다

기다리는 것과 떠나가는 사이
거울과 감정이 오가는 사이
다시 돌아오는 순리를 보면서

소리와 색채의 여유로움 속에서
리듬의 한목소리가 흐른다.

정성주

상엿집

동네 길목에 있는 상엿집
함석지붕에 허름하고 낡은 것들
그곳엔 햇볕이 일찍 떠나간 곳이다

어렸을 땐 이곳이 그렇게 무서웠는지
지나간 발자국만 한들한들 흔들리고
쓸쓸한 그리움만 지나간다

무성하게 자란 풀들로 거미줄로
황폐해버린 낡은 추녀로 위안을 받는다

아름다운 가을 편지

우리의 무늬를 읽게 하는 가을이다
붉은 물감을 들여놓고 가는 시간
파란 싹이 고백하는 시간이다

바람의 겹에서 손잡고 오는 시간
흔들리지 않고 가을로 오기까지
새들과 곤충들의 놀이터이다

술에 취한 별들을 보면서
다락방에 쌓인 장벽의 빛들
익숙한 미적인 인식은
내 안에 멈춰 선 딱지 편지.

정성주

가을의 간결한 소리

미적인 것과 논리적인 사이에서
구조적 팽팽한 일상을
무시하고 살아가는 사실들이다

봄과 여름을 무시하고 지나다
문득 가을에 질문을 던지곤 한다

푸름에서 주는 치유의 시간
오색에서 오는 위대함은
자연으로부터 숭고한 사랑을 배우고 있다

영혼의 찢어지는 슬픔보다
가을의 간결한 목마름이 부르면
풍부함을 이해하는 대로 찾아간다.

언어가 우리의 것이 될 때

삶의 결들이 있는 사물의 정제 속에서
리듬을 찾아 여정의 길을 나서는가 하면
문장의 반복함에 리듬을 찾아 나선다

사물과 감성의 온도에서
삶의 수단이 되는 언어에
절실한 표현들로 특유한
언어를 확장해 나간다

문 안팎 공기를 느끼는 일 또한
경험하지 못한 새로운 지식으로
여백을 만드는 마침표일 것이다.

정성주

혼자의 시간을 다 견디고

인연의 그 길을 어정어정 걸었다
여름을 보내는 말들이 도착해 있었고
가을배추가 밭에서 자라고 있다

작년 배추보다 더 튼실하다며
지나간 안부를 묻는 동안
가을은 단번에 사로잡을 것 같다

고요한 바람에도 흔들리는 국화꽃
혼자 피고 지는 시간에
우린 감동하며 사는지도 모른다.

저 단풍잎처럼

나는 아직도 찬란한 노래하고 싶은데
가슴을 쓸어내리는 계절이다
빛나는 사랑을 나누고 싶은데
벌써 가지마다 겨울 채비를 하고 있다

눈시울 적시며 기억하게 할 것이다
계속 들려오는 가을 소식이다

가을은 영원히 빛나는 무늬로
사진으로 남겨진 채
반짝이는 물결만 나에게 남기며
올가을을 작별한다.

정성주

은행나무

별들이 반짝이는 잎들을 본다
비와 바람을 쥐고 살았을 나무
금빛 물결은 황금물결 담았네
가을이 주고 가는 아름다운 선물이다

경이롭다기보다는
별나무라고 불러주고 싶다
우르르 바람의 끝자락
환상의 물결은 노란 물결
노랗게 덮어가는 길
뒹구는 별 무리 같은 내 마음아.

반딧불

어스름 저녁
뒤뜰에 날아와
앉은 반딧불

환경오염으로 보이질 않아
새록새록 어릴 때 생각
불현듯 떠오르고
살그머니 번져오는 동심의 세계

동무들과 어울려 놀던 개똥벌레
눈썹 파란불
숨바꼭질하네.

정성주

추수

내가 가진 재능을
누구는 부럽다 하고
누구는 배운다 하네

한없이 여린 이 작은 나를 두고
누구는 엄청난 분에 넘치는
당신이 지켜준다는 계절

이 작은 쪽빛 가을로
한창일 것을
오래 사모하다 지친
추수가 끝난
들판인 것을.

해바라기 피는 날

노랗게 우산이 되어줄
해바라기꽃

기다리며 눈도장 찍으며
사랑 듬뿍 주던 해바라기

얼룩진 상처로 애태웠는데
옮겨 심어 가꾸니
우뚝 돌아와 반겨주니
이보다 더 좋을까

강인한 생명력
이젠 건강한 꽃을 피워줄
가을꽃 해바라기

정성주

거리에서

중년의 바람이 뼈에 사무친다
오늘은 늦게 들어갈 작정이다

마음먹은 대로
되는 일이 하나도 없다
친구가 머리에서 맴돈다

눈을 뜬 기억이 선명한 것은
아픈 기억이다
가을이 주책없이 돌아다닌다.

창가에 기대면

마음보다 먼저 들려왔네요
그것이 인연이었다면
더는 부르지 않겠습니다

아무것도 내려놓지 않고 있습니다
내일이면 다른 이름으로
희망의 메시지를 보내시겠지요

무엇이 또 꿈틀거릴까요
다시 태어날 것을 믿어봅니다
창가에 자주 가는 습관이 필요합니다.

정성주

김장하는 날

직접 가꾸어서 하는 김장이라 그런지
배추 맛이 고소하네요

겨우내 당신이 먹고 음미할
딱 먹기 좋을 만할 때
식탁에 오르니 맛깔나겠어요

김장이 이렇게 힘든 줄 몰랐네요
맛깔나게 먹는 것을 생각하니
가을철 같습니다.

저물어가는 가을

가을이면 누렇게 익는다

늘 몸이 먼저 말을 걸었지
교만한 살점 위로 피우는
아픈 꽃 하나
기쁘게 수확해야지

바늘 끝이 나를 읽어낸다
볕 좋은 날
가늘고 긴 가을을 만나면
기도할 수밖에 없다.

정성주

4부 겨울 준비

강원의 겨울은
추억의 속도보다 빨리 찾아오는 곳
도망하는 자와 도망치는 자의 순례길
나는 등을 돌리고 달려야 했다.

겨울 준비 중

겨울 준비

수 없는 꿈들이 피었다 지는 시간
내 마음은 겨울 준비가 한창이다

길 어귀마다 가을이 지나간 자리
마음을 준비하는 겨울에게
봄, 여름, 가을은
일과 꿈이 있는 계절이라고

강원의 겨울은
추억의 속도보다 빨리 찾아오는 곳
도망하는 자와 도망치는 자의 순례길
나는 등을 돌리고 달려야 했다.

현관문

문을 열다가
손잡이를 보았습니다
하루에도 수십 번 잡아다 놓는
내가 모르는 저 문

당신이 열어놓았다는 사실조차 모를까 봐
반복하기를 수차례

몇 번씩 마음을 열어보지만
갈등이 가장 아름다운 꽃이라
문 앞에서 서성이게 합니다.

정성주

겨울 저녁

뒤뜰에 묻어놓은 김장독처럼
겨울이 익어간다
그 사실을 이제야 깨닫는 것은
바람 든 무처럼
내동댕이쳤던 시간의 덕분이다
추울수록 더욱 깊은 맛을 내는
쓰디쓴 사랑을 준비하면서
나의 겨우살이는 그렇게 끝났다.

겨울에서 봄으로

내년에는 바뀌겠지요
정장을 꺼내입고 저 나무
자꾸 무언가를 서두릅니다

계절 앞에서
다가올 마음을 알기엔
벅차기만 한 건가요

원래 겨울에서 봄으로
당신의 등줄기를 타고
뻗어 나가 태어날 건가요

우리가 견디어 내야 하는 겨울나무.

정성주

겨울옷

이 저물녘을
눈물겹도록 바라보고 있다

빗나간 선택이었나
눈보라 덕분에
나에 대한 배려일지도 모른다

가끔 하늘을 올려다본다
겨울이 느끼는 건
가벼운 옷차림에서
추위를 몸이 더 빨리 알았다

몸이 녹여내는 일
지금은 사랑의 시간이다.

12월의 대관령

세상이 춥고 어둡다 해서
건설 현장까지 몰아치는 경기 침체
12월의 겨울은 냉혹하기만 하다

나보다 더 어려운 사람들을 생각하면
안도감은 일하는데 활력소가 된다

눈 오는 날
내 마음 한구석에 자라나는 시어들
나도 그대를 생각하고
그대들도 나를 생각하는
한 해를 마무리했으면 좋겠다.

정성주

눈보라

겨울은 침묵하는 계절입니다
모든 사물이 잠든 시간
겨울은 봄을 맞이하는 준비입니다

저 눈보라 속엔
우리가 견디며 살아가듯
온갖 사물들이 잠자는
계절입니다

거리를 엉금대는 자동차들
발걸음마저 걷기 힘든 눈보라
평창의 겨울은 냉혹하기만 합니다

모두가 꿈이 간절한
새해 준비는
내가 간절한 것이
너무 많기에
새해의 기대는 너무나 큽니다
꿈과 희망이 있는 새해
목 놓아 부릅니다.

초인종

초인종 소리에 일어나 보니
새해가 밝았다

하얗게 덮은 거리는
더러워서 덮은 것은 아니다

잠시 세상에 보기 싫은 것들
덮고 있으니
평온한 거리와 나무들

아름다운 마음들은
눈 속에 쌓여 있었다
지난 수 많은 맹세들이
고요히 잠들어 있었다.

정성주

눈부신 추억

눈 내린 현장
이곳저곳 돌아보았다

겨울 준비를 해서 그런지
눈 피해는 없었지만
함께 일했던
추억의 사람들이 스친다

겨울만의 느낄 수 있는
다양한 감성들
겨울 풍경은 아름답다

저 언덕 위에
우리들의 꿈과 희망이 있다

올해는 열심히 준비한 만큼
좋은 결실을 기다린다
계절을 통해
성장과 인내를 돌아보는 시간이다.

적막한 노래

겨울은
사람들이 남겨놓은 흔적

저 눈보라 속에는
슬픔과 기쁨이 존재하는 곳
윙~하는 소리
적막감이 도는 노래다

봄은 이렇게 더디게 오는데
하루하루는 이렇게 빠른지

눈보라를 바라보니
너의 이름이 자꾸 떠오른다.

정성주

인생

이 추운 겨울이 없었다면
무슨 의미로 살았을까

인생도 그렇듯
모든 만물도 추위를 견뎌내며
꽃도 피고 향기도 주듯
우리네 인생도
봄은 사랑의 계절이다

수레바퀴처럼
지나가는 발자국 속에
우리들의 꿈이 있고
희망이 있다는 것을

인생의 겨울 길은
우리가 견디는 희망의 길이다.

그해 겨울

문풍지 소리 요란한 밤의 기억
그해 겨울은 힘든 한해였다

이불 속에서도
살점 에이는 그해 겨울은
새로운 탄생의 길이었다

뒤돌아보니
저 눈보라 속을 걷는 사람들과
나의 걸어온 인생은
그해 겨울은 거울이 되었다

추운 겨울은
나에게는 새로운 희망이며
인생의 밑거름입니다.

정성주

계속 오는 눈

농부들은 눈이 많이 오면
풍년이 온다고 했다

대관령에
겨울 관광객이 북적인다
눈이 많이 내려
양떼목장 삼양목장
스키장은 동계 체전으로
분주한 계절이다

군은 제설작업으로
거리가 어수선하다

양떼목장
선자령 가는 길은
교통 마비로
들어갈 수가 없단다
대관령은 시즌답게
겨울 왕국이 따로 없다.

겨울 연가

대관령은 겨울 왕국이었다
하얗게 뒤덮은 거리는
겨울 왕국 다웠다

온천지가 새하얀 세상
눈꽃 속에 갇혀
감탄사를 부른다

어린아이처럼
저 눈 속을 달리고 싶다

하얀 왕국에서
오늘만큼은 왕자가 되어
따스한 겨울 왕국을 만들고 싶다
그대여.

정성주

상고대

하얗게 뒤덮은 겨울은 신비롭다
나뭇가지마다 밤새 피어난 상고대
말로는 표현하기 힘들다

상고대를 바라보고 있노라면
뼛속까지 얼어버린
깨우침을 배우는 시간이다

얼마나 장엄한 배경이던가
하얗게 뒤덮은 풍경은
대관령만의 느끼는 겨울이다

꽃보다 아름다운 겨울 산
인생도 겨울 산만 같아라.

겨울나무

봄으로 가는 길은 험난 것일까
나뭇가지마다 매달린 고드름
의젓한 모습으로
하늘 바라보는 모습이 늠름하다

겨울은 이렇게 행복한 꿈이었나
이제 동면의 시간을 기다리는
겨울나무들

저 창공에 바라보는 나무들
차고 매서운 바람까지
녹이고 말 정갈한 풍경은 겨울 색이다
이 시름도 곧 봄을 맞이하겠지

이제 기억해야 할
겨울나무 이야기가 되었다.

정성주

겨울 전설

가슴으로 녹아드는
겨울 전설이 시작되었다

하얀 눈 속을 그대와 걷고 싶다
너의 하얀 생에 뛰어들어
대관령 저 평온한 언덕에
백 년의 백설이 되고 싶다

마음과 마음이 만나
겨울 전설을 만들고 싶다

눈이 녹으면 다 사라질 풍경
이대로 봄으로 보내는 것은
내 가슴에 시를 쓰는 일이다.

겨울을 노래하며

끝없이 쌓인 겨울 눈
한풍에 실려 온 그윽한 꽃향기

아직 겨울 왕국인데
남쪽에서 봄 노래가 시작되자
나 홀로 시간이 멈춰서 있네

겨울은 이렇게 아름다웠다고
저만큼 바람에 걸어가고 있네

사랑이 있어 포근한 세상
고운 꿈을 심어주는 봄이 되자.

정성주

까치집

바람에 기대있는 둥지
감싸고 있는 나뭇가지들이
잎새 하나 없는 새의 뜨락엔
겨울이 사무치게 지나간다

가로등 불빛도 춥기만 하고
거리의 밤은 한적하다

추운 겨울은
따뜻한 모닥불이 그립고
찬 바람 부는 겨울 문턱에서
까악 까악
봄은 오는가 보다.

하얀 꿈들

하얀 꿈들은 지나간다
눈이 오고 추위가 와도
분명 겨울은 지나간다

또 다른
행복한 계절이 기다리지만
아름답게 스케치한
겨울이 그리울지 모른다

잠자고 나면 없어질 하얀 눈들
왠지 서운함이 밀려든다

창문을 열어보니
나뭇가지마다 눈 녹는 소리가
봄을 재촉하는구나
아름다운 날들이 이제 떠난다.

정성주

겨울 발자국

추위를 함께 걸어온 시간
긴 겨울밤을 함께 견뎌온 사람들
빙판에 미끄러져도
함께 일으켜 세우며 걸었다

건설 현장은 겨울이 춥다
현장에서 일하는 사람의 몸도 춥지만
거리와 사회는 더 춥게 느낀다

눈이 내리면 눈 치우는 일
길을 내는 일까지 분주하다
이제 지워질 발자국을 보며
내일을 기다린다.

고드름

얼마나 추웠을까
고드름 떨어지는 소리에
창밖을 바라보니
고드름이 녹아떨어지는
소리가 요란하다

햇살에 반짝이는 고드름
마음을 비우는 일
그 고드름은 더 시리게 보이고
어린 시절을 만나게 됩니다

곧 없어질 저 자리
세상에 잊혀야 할 것들
이 아침 그리워할 틈 없이
마음만 내려놓고 갑니다.

정성주

겨울에 쓴 시

겨울이 다 가니 혼자 남았다
겨울이라서 더 좋았는데
눈이 그치니 충전의 시간이 기다린다

겨우내 보고 느낀 오감들이
시를 쓰는 데 큰 도움이 된다

외롭고 쓸쓸한 들판을 거닐 때
세상의 선과 악은 뜰 안에 갇혀
마음을 다짐하는 계기가 된다

사회가 아무리 추워도
우리가 사는 곳엔
사람이 좋아 사는 마을이다.

참 겨울은 쓸쓸하다

인간이 살다간 자리 춥기만 하다
겨울이 지나가는 자리
하얗게 쌓인 눈처럼 눈부시던 날
눈처럼 깨끗한 마음들이 있는 곳
대관령에서

나 그대를 기다리지 못해
봄에 내주고 싶은 마음
문득 겨울을 생각하니
너의 나의 시간이 눈처럼 쌓였네

첫눈이 내리고
상고대가 피면서
까맣게 잊었던 너의 생각이
봄바람에 거짓말처럼 떠나가네

시를 쓴다
금세 흔적도 없이 떠나갈 일인데
겨우내 마음에 눈이 내리리라.

정성주

겨울나기

씨앗 하나 살아서 숨 쉬는 일들
잠에서 깨울 수만 있다면

오랜 시간 녹지 않는 응달에서
기다리던 시간이
아프게 다가오는 것은
너를 위한 기도였다는 것을
나는 나하고 얘기하고 싶었다

머지않아 바람에 녹아 없어질 눈들
마음의 눈에는 장작불이 타는데
겨울나기는 힘에 버거운지
애간장이 녹는다

지금 이곳엔
꽃보다 아름다운 겨울 풍경이
겨울을 버리고 있다.

나의 마음은

아침 하늘을 바라보는 사람들
아직은 눈이 쌓인 산들
내 마음에 봄이 왔는데
이 길을 함께 가지 않으면 어찌합니까

추운 겨우내 기다려 왔는데
이제 저 바람 따라 걸어야 길
얼어붙지 않은 길을 찾아 걸어가야 합니다

가파른 절벽을 지나면
우리 눈앞에
파릇파릇 피어나는 우리들의 꿈이
지상의 낙서들을 지우며
따뜻한 환경에서
따사롭게 살 수 있습니다
이 봄이 오면.

정성주

5부. 전국 시화전 모음

1 참 좋은 당신
2 저만큼 멀어진 사이
3 꽃은 봄을 피운다
4 가끔은 저 숲을 본다
5 오늘도
6 계절이 주는 선물
7 창가에 꽃이 피려나
8 겨울이 떠나는 날

제9회 감성테마여행 문학상

아시아영상문학대상_정성주

참 좋은 당신

저만치 혼자 피어있는 꽃처럼
늘 혼자인 나에게
어느 햇빛 따가운 여름
시원한 그늘 드리워지는 기쁨을 보았습니다

당신은 그늘 속으로 들어와서도
가시꽃 피워내는 내 입술을
지그시 누르고 키스를 해주던
참 좋은 당신

어둠을 살라 환한 등불을 켜주고
어느 때는 지친 발걸음 넘어질까 봐
돌맹이 치워 길을 고르며
내 허리를 붙들고 목련화처럼 웃었지요

어깨에 내린 머리 쓰다듬을 때는
내 손끝에서는 늘 들꽃처럼
하얀 사랑꽃 피워내게 했던
당신은 참, 좋은 사람

제11회 감성문화제 영상시 문학상

세계나눔문화예술대상 수상

저만큼 멀어진 사이

우보 정성주

저 언덕에서 부는 바람은
한 세월 수없이 반복하며 살았을 것이다

오래된 연인처럼 바람에
나무와 부딪치는 소리가 요란하다

어디까지가 우리 사이인지 잘 몰라도
그냥 바람에 흔들리며 살아갈게요

우주의 망막한 지도가 있어도
봄은 남쪽에서 시작되는 것을
이제 막 봄은 도착했습니다

정성주

꽃은 봄을 피운다

우보 정성주

바람이 그리움을 속삭이는 동안
꽃은 그리움을 불렀다

내가 당신을 기다리는 동안
꽃은 어둠을 빌렸다

우린 서로 일상을 지나며
향기를 부르고 있다

꽃이 피었다 지는 동안
봄의 언덕에서 내일을 바라본다

저 찬란한 석양에
내일을 약속한다

제31회 감성문화제 시화전_주최 현대시선_후원 용인시 기흥구

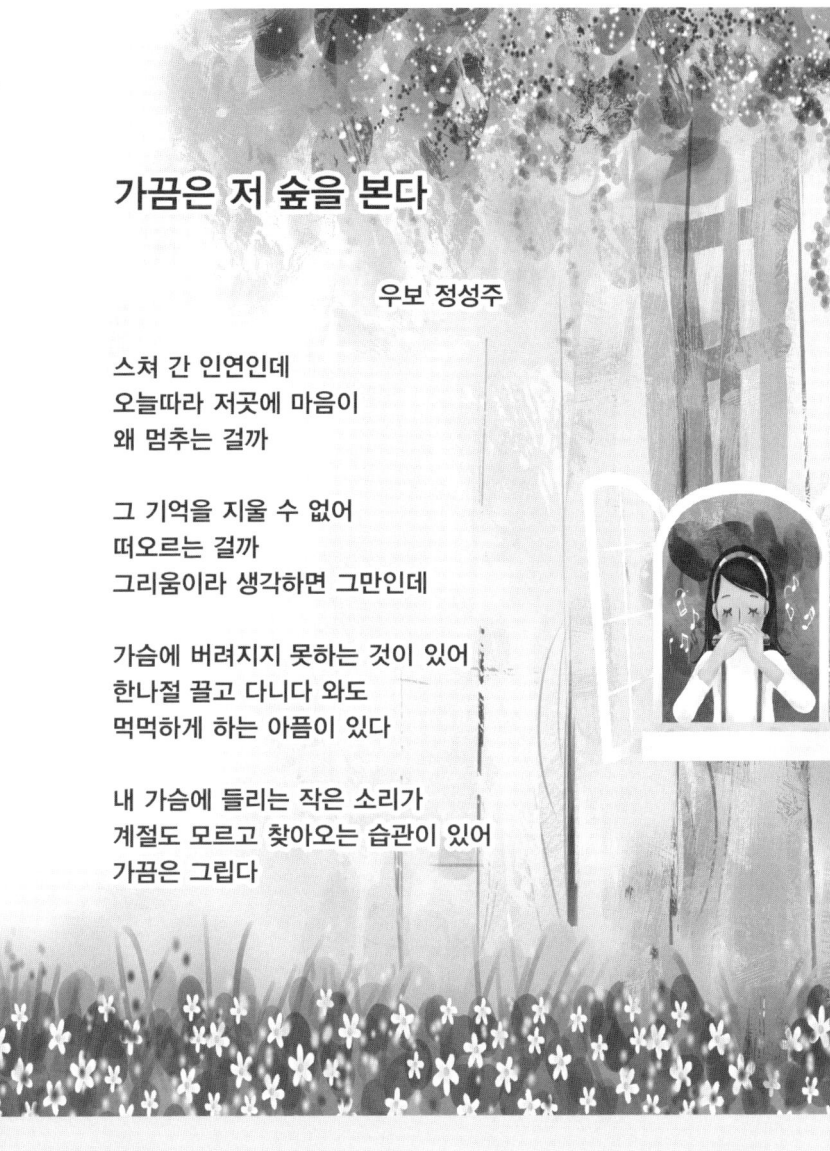

가끔은 저 숲을 본다

우보 정성주

스쳐 간 인연인데
오늘따라 저곳에 마음이
왜 멈추는 걸까

그 기억을 지울 수 없어
떠오르는 걸까
그리움이라 생각하면 그만인데

가슴에 버려지지 못하는 것이 있어
한나절 끌고 다니다 와도
먹먹하게 하는 아픔이 있다

내 가슴에 들리는 작은 소리가
계절도 모르고 찾아오는 습관이 있어
가끔은 그립다

제31회 감성문화제 시화전_주최 현대시선_후원 용인시 기흥구

정성주

오늘도

얼큰해지는 세월을 안고
오늘도 일터로 나간다

익숙하지만 우주를 만나는 일
처연한 날씨가 고요를 켠다

비울수록 꽉 차는 것들
세상에 그리 많지 않은데

오늘도 당신의 마음같이
희망의 끈을 풀어보는 시간이다

2023년 10월 경주 초대전

정성주

계절이 주는 선물

우보 정성주

강원도 산은 국가 공원이다
내가 그곳에 서면
공원은 보이는 만큼 내 것이다

저 아름다움 그 자체
우린 조금씩 알아가는 것
자연은 거짓을 하지 않는다

내 이름을 기억해 주는 사람
너의 이름을 부를수록 좋다

푸름은 내 나이만큼 자랐고
내 표정은 이곳에 서 있다

김성문화제_주최 현대시선_후원 성림수목원

정성주

농촌테마파크 감성문화제 시화전

창가에 꽃이 피려나

정성주

마음속의 꽃이
나도 모르게 지고 있었습니다

바쁘다는 핑겨로
그리움을 잊어버렸습니다

초등학교 앞에서
입학하던 코 흘리는
노란 병아리 같은 그 날이
내 마음 짜릿하게 했습니다

벌써 다 커버린 자식을 생각하니
내 나이가 이렇게 되었구나
눈시울 적시고 말았습니다

아무도 가르쳐주지 않는
절박한 세상에 홀로 서서 갈 수 있는
당신이 나를 가르치십니다.

 주최 현대시선. 후원 용인농촌테마파크수목원

겨울이 떠나는 날

우보 정성주

겨울은 떠난다고 광고를 한다
뒤꿈치를 살짝 들고
봄 노래를 부른다

겨울은 간곳없고
초록 별들이 잔치를 하고
봄이 여기저기서
봄 노래 부르고 있다

너의 가냘픈 소리 잊지 않으마
향기롭게 흔들리는 숲은
가끔은 겨울이 목격되기도 한다

봄을 기다리는 마음은 갑자기
빙빙 허공만 맴돌고 있다

제31회 감성문화제 시화전_주최 현대시선_후원 용인시 기흥구

정성주

창작동네 시인선 181

그리워할 수밖에 없는 너

초판인쇄 | 2024년 5월 10일
지 은 이 | 정성주
편 집 장 | 정설연
펴 낸 이 | 윤기영
펴 낸 곳 | 도서출판 노트북 **등록** | 제305-2012-000048호
주   소 | 서울시 동대문구 사가정로 256-4 나동 101호
전   화 | 070-8887-8233 **팩스** | 02-844-5756
H   P | 010-8263-8233
이 메 일 | hdpoem55@hanmail.net
판   형 | 신한국판형 130-210/ P128

ISBN 979-11-88856-82-4-03810
정 가 10,000원

2024년 5월_그리워할 수밖에 없는 너_정성주 제4시집

한국 현대시[韓國現代詩]

*잘못된 책은 교환해 드립니다.
*저자와의 협의로 인지는 생략합니다.